Vente du Lundi 3 Décembre 1877

HOTEL DROUOT, SALLE N° 5

BELLES PORCELAINES

ANCIENNES

DE LA CHINE ET DU JAPON

OBJETS D'AMEUBLEMENT

Des époques Louis XIV, Louis XV et Louis XVI

TAPISSERIES, BOIS SCULPTÉS

BEAUX BRONZES

EXPOSITION PUBLIQUE : le Dimanche 2 Décembre 1877

Mᵉ ESCRIBE	M. BLOCHE
COMMISⁱʳᵉ-PRISEUR	EXPERT
Rue de Hanovre, 6	Boulevard Montmartre, 19

PARIS — 1877

Vve RENOU, MAULDE et COCK

IMPRIMEURS DE LA COMPAGNIE DES COMMISSAIRES-PRISEURS

Rue de Rivoli, 144.

CATALOGUE

DE

BELLES PORCELAINES

ANCIENNES

DE LA CHINE ET DU JAPON

Garnitures de trois Pièces, Vases, Figurines, Coupes
Bols, Pièces d'échantillons

BRONZES D'AMEUBLEMENT

Des époques Louis XIV, Louis XV et Louis XVI

MEUBLES ANCIENS

Bureaux, Commodes, Consoles, Tables, Cheminées, Siéges
Écrans

TAPISSERIES, CADRES, BOIS SCULPTÉS

DONT LA VENTE AURA LIEU

HOTEL DROUOT, SALLE N° 5

Le Lundi 3 Décembre 1877

A DEUX HEURES

Par le ministère de **M** **ESCRIBE**, Commissaire-Priseur,
rue de Hanovre, 6,
Assisté de **M. BLOCHE** Expert, boulevard Montmartre, 19,
CHEZ LESQUELS SE DISTRIBUE LE CATALOGUE.

EXPOSITION PUBLIQUE

Le Dimanche 2 Décembre 1877, de 1 heure 1/2 à 5 heures.

PARIS — 1877

CONDITIONS DE LA VENTE

———

Elle aura lieu expressément au comptant.

Les Acquéreurs paieront CINQ POUR CENT, en sus du prix d'adjudication.

Aucune réclamation ne sera admise une fois l'adjudication prononcée.

DÉSIGNATION

PORCELAINES

1 — Très-belle Garniture, composée de trois grandes
  Potiches, en ancienne porcelaine du Japon;
  décor polychrome à pivoines et feuillages ;
  encadrements fond bleu à rehauts d'or et lam-
  brequins avec médaillons offrant en réserve des
  chimères. Les couvercles, de décor analogue,
  sont couronnés de chimères.

2 — Paire de grands et beaux Vases, avec couvercles, à
  huit pans, en ancienne porcelaine de la Chine,
  de la famille verte; décor à personnages dans des
  paysages, fleurs, quadrupèdes, oiseaux et objets
  d'ameublement.

3 — Grand et beau Vase de milieu en ancienne porcelaine de la Chine, de la famille verte, forme à
  huit pans; décor à paysages animés de figures,
  chimères, quadrupèdes et fleurs.

4 — Deux Vases en porcelaine de la Chine, de l'époque de
  Kien-Long, à décors de la famille rose, repré-
  sentant une Chasse au tigre par des mandarins.
  Haut. 80 centimètres.

5 — Deux grandes Jardinières en ancienne porcelaine de la Chine, à trois pieds réunis par un anneau de porcelaine.

6 — Vase en faïence de Satzuma, imitant un panier tressé et décoré de fleurs et d'arabesques, anses, bambous. Il provient de l'Exposition de 1867, du Prince de Satzuma.

7 — Terre en ancienne porcelaine de la Chine, forme sac serré au col par un nœud, fond brun gravé sous couverte, de fleurs et de bambous. Epoque des Mings.

8 — Vase, en forme de bouteille, en ancienne porcelaine de la Chine fond rose, à décor de fleurs et animaux bleus rehaussés d'or.

9 — Vase en ancienne porcelaine de la Chine, à décor de femmes dans un paysage; anses formées par des têtes d'animaux.

10 — Vase, forme balustre, en ancienne porcelaine de la Chine, à décors de paysages et de fleurs.

11 — Deux Potiches, à couvercles, en porcelaine de la Chine, de l'époque de Kien-Long; elles sont décorées de médaillons, de jeux d'enfants avec les attributs du Bonheur.

12 — Vase, forme rouleau, en porcelaine de la Chine ancienne, de la famille verte; décor à médaillons de fleurs, oiseaux et animaux fantastiques.

13 — Vase analogue au précédent, mais à décor de personnages représentant une Scène comique au palais de Pékin.

14 — Deux Vases à forme aplatie, à décors de mandarins au centre dans des médaillons, entourés de branchages et fleurs en relief, anses dragons d'or.

15 — Soupière ovale et son plateau en ancienne porcelaine de la Chine, de la famille rose, à décor de personnages dans des paysages.

16 — Soupière ovale et son plateau, analogue à la précédente, mais de dimension moindre.

17 — Cheval en porcelaine ancienne de la Chine, fond blanc, avec selle et harnachement en rouge de fer.

18 — Tête de la déesse Quannon en ancien blanc de Chine, sur socle en bronze.

19 — Cornet en ancienne porcelaine de la Chine, fond bleu fouetté, à décors d'or; le bord intérieur est décoré d'émaux de la famille verte.

20 — Petit Vase à quatre pans, de l'époque de Kien-Long, réticulé à jour, et supporté sur un pied imitant le bois peint.

21 — Petit Vase en ancienne porcelaine de la Chine, fond bleu céleste uni.

22 — Gourde plate en ancien céladon craquelé, fond gris.

23 — Vase, en forme de gargoulette, fond blanc, à décor de fleurs en rouge de fer; le col et le pied sont ornés d'arabesques bleues.

24 — Bouteille en porcelaine de la Chine, fond blanc, à décor de dragons et champignons en bleu et rouge de fer. Belle qualité.

25 — Deux Bols en ancienne porcelaine de la Chine, à sujets familiers dans des médaillons rehaussés d'or.

26 — Bol en ancienne porcelaine de la Chine, de l'époque des Mings; il est décoré de dragons bruns sur fond blanc gaufré sous couverte.

27 — Deux Bols semblables au précédent, mais décorés de dragons verts.

28 — Bol en ancienne porcelaine de la Chine, à décor de jeux d'enfants en couleur sur fond blanc.

29 — Petite Assiette fond bleu lapis, à décor de poissons et herbages gravés en creux. Echantillon très-rare de l'époque des Mings.

30 — Coupe à pied en ancienne porcelaine de la Chine, à décor bleu sur fond blanc et caractères thibétains.

31 — Pi-Tong en ancienne porcelaine de la Chine, de la famille verte, à décor de poissons rouges dans des plantes aquatiques.

32 — Pu-Taï en céladon ancien de la Chine. Il provient du palais de Pékin.

33 — Deux petites Assiettes en ancienne porcelaine de la Chine, offrant, au pourtour, en bleu, les Divinités de la Chine sur des vagues en rouge de cuivre.

34 — Coupe profonde en céladon vert d'eau gaufré ;
l'intérieur est décoré de paysages et d'arabesques
en bleu sur blanc.

35 — Coupe côtelée ou Compotier en ancienne porcelaine du Japon, à décor de fleurs et feuillages
en rouge, bleu et or.

36 — Coupe en ancienne porcelaine du Thibet, à décor
d'ornements multicolores sur fond blanc, de
très-belle qualité.

37 — Deux Bouteilles, à longs cols, en ancienne porcelaine
du Japon, imitant les verres de Venise rayés
blanc et rose ; au renflement du col elles por-
tent les armoiries du Mikado.

38 — Vase, à côtes, en ancien céladon de la Chine, couleur gris-perle.

39 — Deux Bols en ancienne porcelaine de la Chine, à
décor d'animaux fantastiques bleus, sur des
vagues en rouge de cuivre et blanc.

40 — Deux Bols, fond jaune, à décors de fleurs et d'arabesques, de l'époque de Kien-Long.

41 — Bol en ancienne porcelaine de la Chine, à décor de
fleurs en émaux de la famille verte sur fond
capucin.

42 — Coupe de sacrifices en ancien céladon vert d'eau,
décorée d'oiseaux et fleurs en relief camaïeu.

43 — Petit Pi-Tong en ancienne porcelaine blanche de
Chine, à jour, représentant des chiens de Fo
jouant avec des boules.

44 — Vase en porcelaine de la Chine, fond bleu lapis,
décoré de fleurs.

45 — Deux Bols en ancienne porcelaine de la Chine : l'un
fond bleu fouetté à décors d'or ; l'autre fond
blanc à médaillons de la famille rose.

46 — Deux Bols en porcelaine de la Chine fond vert,
camélia uni.

47 — Deux Tasses et Soucoupes en ancienne porcelaine
du Japon, à décor d'oiseaux sur des branches
de cerisier.

48 — Brûle-Parfums en vieille qualité de la Chine, couleur aubergine ; il est supporté par un pied en
bois de fer, et a un couvercle semblable avec
bouton de corail.

49 — Bouteille en porcelaine ancienne de la Chine,
fond jaune impérial, décorée de fleurs et feuillages gravés sous couverte et peints de diverses
couleurs.

50 — Cornet en ancienne faïence de Fa-Chang, fond
vert, à décor de feuilles camaïeu en relief.

51 — Vase en ancienne porcelaine de la Chine fond gris
craquelé ; anses à têtes d'animaux.

52 — Vase, en forme de sac entr'ouvert ; en ancienne
porcelaine de la Chine fond blanc, à décor de
paysage esquissé à l'encre de Chine, rehaussé de
rouge de cuivre.

53 — Deux petits Bols en ancienne porcelaine de la Chine,
à décor d'enfants dans des branchages. Marque
au Lapin bleu.

54 — Deux Tasses à thé en porcelaine de la Chine, de l'époque de Kien-Long, fond blanc, à décor de fleurs et de caractères chinois alternés.

55 — Deux petits Drageoirs, de l'époque de Kien-Long, fond jaune impérial, à décor d'arabesques bleues encadrant des caractères chinois rouges.

56 — Bol en ancienne porcelaine de la Chine, imitant la vieille qualité de Fizen (Japon); décor bleu, rouge et or.

57 — Brûle-Parfums violet en ancienne faïence de Miako, surmonté d'un couvercle à jour.

58 — Trois petits Pots, à couvercles, en ancienne porcelaine de la Chine fond bleu fouetté, à décors d'or.

59 — Vase en ancienne porcelaine de la Chine fond vert marbré et décoré de bouquets et fleurs multicolores.

60 — Vase, semblable au précédent, mais plus petit.

61 — Pi-Tong en ancienne porcelaine de la Chine fond jaune-brun, décoré d'un dragon en relief de même couleur.

62 — Petite Bouteille en ancienne porcelaine de la Chine, de la famille verte, à décor de mobilier.

63 — Vase en ancienne porcelaine de la Chine, à fond noir, décoré de fleurs et d'arabesques vertes.

64 — Deux petits Vases (Porte-Bouquets), en ancienne porcelaine de la Chine; ils sont décorés de fleurs et branchages en relief, et le col évasé est décoré de fleurs et feuillages peints en or sur fond rouge pâle.

65 — Petite Bouteille unie en ancien céladon de la Chine, couleur vert d'eau; il porte en bleu la marque de Kien-Long.

66 — Petit Vase en ancienne porcelaine de la Chine, de très-belle qualité, décoré de bleu sur blanc.

67 — Pot à lait en ancienne porcelaine de la Chine, décoré de bleu sur fond blanc.

68 — Deux Objets en ancien blanc de Chine, dont un petit vase à deux anses à fleurs en relief, et une cafetière à fleurs en relief.

69 — Théière en ancienne porcelaine de la Chine, époque de Kien-Long; l'anse unie est ronde; la panse est décorée de bouquets de fleurs des champs d'une grande finesse sur fond blanc.

70 — Petite Bouteille balustre renversé en ancien céladon blanc gaufré sous émail.

71 — Canard, formant boîte, en ancien céladon de la Chine, couleur vert d'eau.

72 — Petite Coupe, formée d'une pêche, en céladon vert d'eau; l'anse est formée de feuilles et d'un petit fruit en relief.

73 — Deux Bols en ancienne porcelaine de la Chine, à décors bleus sur fond blanc.

74 — Deux Bols en ancienne porcelaine de la Chine, à
décors d'émaux de la famille verte, fleurs et
oiseaux.

75 — Crapaud en ancienne faïence de Fa-Chang ; il est
émaillé d'un superbe bleu lapis et accroupi sur
une feuille de lotus renversée.

76 — Petit Vase en ancienne porcelaine de la Chine
fond bleu fouetté, à décor de fleurs d'or.

77 — Pot à lait en ancienne porcelaine du Japon, à décor
d'enfants jouant dans un paysage.

78 — Petite Potiche en ancienne faïence d'Akasi (Japon),
représentant un guerrier japonais à cheval
s'élançant dans les flots.

79 — Deux petites Coupes : l'une représente une aubergine en ancien soufflé de la Chine ; l'autre une
double pêche dont une est coupée en deux.

80 — Bol en ancienne porcelaine de la Chine, décoré
d'émaux de la famille verte représentant des
jeux d'enfants.

81 — Bol en ancienne qualité de la Chine fond vert, à
décor de fruits et arbres gravés et peints en mar-
ron et jaune.

82 — Bol en ancienne porcelaine de la Chine aux six
marques ; il est gravé en grecques émaillées vert
sur fond blanc, et porte intérieurement le dessin
du Fo-Hang.

83 — Bol, de la même époque, mais à décors thibétains.

84 — Deux Beurriers et leurs Plateaux en ancienne porcelaine de la Chine ; décors de la famille rose
écureuils et fruits.

85 — Petite Bouteille céladon vert d'eau.

86 — Petite Bouteille céladon bleu turquoise.

87 — Petite Cage en porcelaine du Japon, blanc et bleu;
le dessus est garni d'une petite poignée en ar-
gent.

88 — Flacon carré en ancienne porcelaine de la Chine,
qualité dite des Jésuites; elle représente sur ses
quatre faces la Naissance de Jésus.

89 — Petit Pot à feu en porcelaine de la Chine, de l'époque
de Kien-Long, fond vert réséda, à deux médaill-
lons de fleurs sur fond blanc réservé et vol de
grues en blanc sur le fond vert.

90 — Petite Bouteille en ancienne porcelaine du Japon,
à décor de personnages en bleu rehaussé d'or
dans des entrelacs de fleurs et ornements en
rouge et or sur fond pointillé vert.

91 — Tasse à couvercle et Soucoupe en porcelaine de la
Chine de Kien-Long fond blanc, à rosaces multicolores.

92 — Bouteille en porcelaine du Japon, à cartouches
alternés bleus, à médaillons fond blanc et réticulés bleus et blancs, à médaillons blancs et fond
blanc à médaillons bleus.

93 — Deux petits Flacons à pans coupés, réticulés à jour,
en porcelaine bleu et blanc du Japon.

94 — Trois Bols en ancienne porcelaine de la Chine.

95 — Deux Bols en ancienne porcelaine de la Chine ou
blanc de Chine uni; intérieur gravé sous couverte.

96 — Trois Tasses en porcelaine de la Chine et du Japon,
de bonne qualité.

97 — Deux Tasses en porcelaine de la Chine, de l'époque
de Kien-Long; l'une à couvercle, fond blanc
gravé, à décor de poissons rouges; l'autre, fond
blanc gravé, à décor de personnages.

98 — Tasse en ancienne porcelaine de la Chine de cou
leur bleue craquelée.

99 — Sous ce numéro seront vendus douze Pièces variées
non cataloguées.

100 — Théière en ancienne porcelaine de la Chine fond
blanc, à décor d'arabesques bleues ; l'anse est
formée de deux monstres qui se rejoignent au
milieu.

101 — Vase en ancien céladon du Japon fond vert d'eau,
col bleu; décor gaufré en haut-relief représentant les feuilles de kiri.

102 — Grand Bol en porcelaine de la Chine, de l'époque
des Mings, à décor de flammes rouge de cuivre
et lettres bleues sur fond blanc.

103 — Petite Boîte en ancienne porcelaine de la Chine
fond blanc; décor à dragons bleus, qualité fine.

104 — Bol en ancienne porcelaine de la Chine aux six
marques, à décor de personnages bleus sur fond
blanc.

105 — Deux Bols en ancienne porcelaine de la Chine aux six marques, à décor d'arabesques bleues sur fond blanc.

BRONZES D'AMEUBLEMENT

106 — Grande et belle Pendule en bronze ciselé et doré, représentant deux figures adossées au mouvement, ornée de bas-reliefs, couronnée par un aigle aux ailes éployées. Cadran émaillé et signé de *Dubuc l'aîné*, à *Paris* (époque Louis XVI).

107 — Deux Cassolettes, formant flambleaux, en marbre blanc, montées en bronze doré, époque Louis XVI.

108 — Deux Appliques, à deux lumières, en bronze, époque Louis XIV.

109 — Deux Appliques, à deux lumières, en bronze, époque Louis XVI.

110 — Paire de Chandeliers en bronze, fuseau à colonne surmontée d'un chapiteau, avec base ornée de têtes de chérubins, époque Renaissance.

111 — Ostensoir en cuivre repoussé, offrant des figures d'anges et de chérubins, époque du xvie siècle.

112 — Paire de jolis Flambeaux en bronze finement ciselé et doré, style Louis XVI.

MEUBLES

113 — Beau Bureau, à cylindre, en acajou, orné de fine marqueterie de cuivre et d'encadrements en bronze doré; dessus en marbre blanc avec galerie de cuivre (Provient du cabinet de l'abbé Mime).

114 — Jolie petite Commode en marqueterie de bois, ornée de bronzes dorés, époque Louis XVI.

115 — Grande et belle Table rectangulaire en bois, sculpté et doré, pieds ralliés par croisillon, époque Louis XIV.

116 — Meuble à deux battants ornés d'ancienne marqueterie de bois et d'encadrements de bronzes, époque Louis XVI.

117 — Belle Commode, de forme ventrue, côtés cintrés, en fine marqueterie de bois à fleurs, richement ornée de bronzes dorés, époque Louis XV.

118 — Bahut à deux portes en bois sculpté, époque Louis XIV.

119 — Régulateur Louis XV en bois sculpté.

120 — Deux Jardinières en marqueterie de bois, époque Louis XVI.

121 — Console en bois sculpté, dessus en marbre blanc, époque Louis XVI.

122 — Deux Fauteuils en bois sculpté, garnis de canne, époque Louis XIV.

123 — Tabouret en bois sculpté, garni de canne, époque Louis XIV.

124 — Quatre Chaises style Henri II, couvertes en peluche rouge et tapisserie au point.

125 — Fauteuil en bois sculpté et doré, couvert en velours de Gênes, époque Louis XIV.

126 — Console d'applique en bois sculpté et doré, époque Louis XIV.

127 — Chaise longue en bois sculpté, époque Louis XIV.

128 — Ecran en bois sculpté, époque Louis XVI.

129 — Tabouret en bois sculpté, époque Louis XVI.

130 — Belle Cheminée en bois finement sculpté, style italien de la Renaissance. Haut. 2m95, larg. 1m37.

TAPISSERIES, TABLEAUX, CADRES

131 — Tapisserie à personnages, époque Louis XIV.

132 — Deux Tapisseries verdures.

133 — Tableau (Portrait de Pierre le Grand); cadre en bois sculpté et doré.

134 — Trois Cadres en bois sculpté et doré, époque Louis XIV.

135 — Objets non catalogués.

Vᵉˢ Renou, Maulde et Cock, imprˢ de la Compagnie des Commissaires-Priseurs, rue de Rivoli, 144.   81111

www.ingramcontent.com/pod-product-compliance
Lightning Source LLC
LaVergne TN
LVHW021924180726
843502LV00008B/3251